DIE BESTEN KOCHREZEPTE:
Schnell & einfach

50 clevere Rezepte mit wenig Aufwand

kochrezepte

Bibliografische Information der Deutschen Nationalbibliothek

Die Deutsche Nationalbibliothek verzeichnet diese Publikation in der Deutschen National-
bibliografie. Detaillierte bibliografische Daten sind im Internet über http://d-nb.de abrufbar.

Für Fragen und Anregungen

info@rivaverlag.de

Wichtiger Hinweis

Ausschließlich zum Zweck der besseren Lesbarkeit wurde auf eine genderspezifische Schreib-
weise sowie eine Mehrfachbezeichnung verzichtet. Alle personenbezogenen Bezeichnungen sind
somit geschlechtsneutral zu verstehen.

Originalausgabe
1. Auflage 2023
© 2023 by riva Verlag, ein Imprint der Münchner Verlagsgruppe GmbH
Türkenstraße 89
80799 München
Tel.: 089 651285-0
Fax: 089 652096

Redaktion: Anna Gülicher-Loll
Umschlaggestaltung: Sonja Vallant
Umschlagabbildungen Vorderseite: Shutterstock.com/Liliya Kandrashevich; Rückseite:
Shutterstock.com/Lapina Maria, Lyutik_Ryutik, Marcus Z-pics
Satz: inpunkt[w]o, Wilnsdorf (www.inpunktwo.de)
Druck: Florjancic Tisk d.o.o., Slowenien
Printed in the EU

ISBN Print 978-3-7423-2476-4
ISBN E-Book (PDF) 978-3-7453-2255-2
ISBN E-Book (EPUB, Mobi) 978-3-7453-2256-9

Wir produzieren
nachhaltig
www.m-vg.de

Weitere Informationen zum Verlag findest du unter

www.rivaverlag.de

Beachte auch unsere weiteren Verlage unter www.m-vg.de

Inhalt

69 Traumhafte Desserts

LECKERE VORSPEISEN

Karottensuppe

Zubereitungszeit: 30 Minuten
Für 4 Personen

ZUTATEN

1 Zwiebel

1 kg Karotten

2 EL Pflanzenöl

1 Dose Kokosmilch
(400 ml)

500 ml Gemüsebrühe

Zum Garnieren:

4 EL Pistazien

1 Handvoll frische
Minze

4 EL Tahini

1. Die Zwiebel abziehen und in Würfel schneiden.

2. Die Karotten schälen und ebenfalls in Stücke
schneiden.

3. Das Öl in einem großen Topf erhitzen und die Zwiebel
darin glasig dünsten.

4. Die Karotten hinzugeben und kurz anbraten. Mit der
Kokosmilch und der Gemüsebrühe ablöschen und
aufkochen. Insgesamt 20 Minuten köcheln, bis die
Karotten weich sind.

5. In der Zwischenzeit die Pistazien und die Minze
hacken.

6. Den Topf vom Herd nehmen und die Suppe mit einem
Stabmixer fein pürieren.

7. In Suppenschalen füllen und mit Tahini, gehackten
Pistazien und frischer Minze dekorativ anrichten.

Brokkolisuppe

Zubereitungszeit: 30 Minuten
Für 4 Personen

ZUTATEN

2 Kartoffeln
500 g Brokkoli
1 l Gemüsebrühe
100 g Sahne
Salz und Pfeffer

1. Die Kartoffeln schälen und in kleine Würfel schneiden. Den Brokkoli putzen und grob in Stücke schneiden.

2. Die Gemüsebrühe in einem Topf zum Kochen bringen. Die Kartoffeln und den Brokkoli hinzugeben und bei mittlerer Hitze 20 Minuten garen.

3. Den Topf vom Herd nehmen, die Sahne zugießen und mit einem Stabmixer fein pürieren. Mit Salz und Pfeffer würzen.

4. Nach Belieben vorher etwas Sahne abnehmen, steif schlagen und die Suppe zum Servieren damit garnieren.

Tomatensuppe mit Grilled-Cheese-Sandwich

Zubereitungszeit: 30 Minuten
Für 4 Personen

ZUTATEN

Für die Suppe:

1 ½ kg Tomaten
2 rote Zwiebeln
2 Knoblauchzehen
2 EL Olivenöl
2 TL Tomatenmark
400 ml Gemüsebrühe
Salz und Pfeffer
4 EL Sahne
frische Basilikumblätter
   zum Garnieren

Für die Sandwiches:

8 Scheiben Toastbrot
4 Scheiben Gouda
4 Scheiben Cheddar
Butter zum Braten

1. Die Tomaten waschen und vierteln. Die Zwiebeln und den Knoblauch hacken.

2. Das Olivenöl in einem großen Topf erhitzen. Die Zwiebel darin glasig dünsten. Den Knoblauch hinzufügen und noch 1–2 Minuten dünsten. Die Tomaten unterrühren und das Ganze 10 Minuten schmoren.

3. In der Zwischenzeit die Sandwiches zubereiten: die Toasts mit dem Käse belegen und jeweils zwei Käse-Toasts aufeinanderlegen. Mit etwas Butter in einer Pfanne von beiden Seiten rösten, bis der Käse geschmolzen ist.

4. Tomatenmark und Gemüsebrühe zu den Tomaten gießen und alles mit dem Stabmixer fein pürieren. Mit Salz und Pfeffer abschmecken.

5. Die Suppe in tiefe Teller füllen und mit je 1 EL Sahne und frischem Basilikum garnieren. Mit den Grilled-Cheese-Sandwiches servieren.

Quesadillas aus der Pfanne

Zubereitungszeit: 15 Minuten
Für 6–7 Stück

ZUTATEN

350 g Mehl
1 TL Backpulver
1 TL Salz
50 ml Sonnenblumenöl
100 ml kaltes Wasser
250 g geriebener Käse
1 Handvoll frisch
gehacktes Basilikum,
plus etwas mehr zum
Garnieren
2 Knoblauchzehen
4 EL Olivenöl

1. Das Mehl in eine Schüssel sieben und mit Backpulver und Salz vermischen.

2. Sonnenblumenöl und Wasser zugießen und alles zu einem glatten Teig kneten. In 6 oder 7 gleich große Stücke teilen und jeweils dünn und rund ausrollen. Den geriebenen Käse und 1 EL gehacktes Basilikum in die Mitte jeder Teigscheibe legen, diese zu Kugeln falten und formen, und die Kugeln wieder zu Fladen ausrollen.

3. Den Knoblauch mit einer Knoblauchpresse fein zerdrücken und mit dem Olivenöl verrühren.

4. Die Fladen von beiden Seiten mit dem Knoblauchöl bestreichen und in einer Pfanne von beiden Seiten braten, bis der Teig goldbraun und der Käse geschmolzen ist.

Quesadillas mit Hähnchen und Mais

Zubereitungszeit: 15 Minuten
Für 4 Personen

ZUTATEN

1 rote Paprikaschote
2 Hähnchenbrustfilets
Rapsöl zum Braten
Salz und Pfeffer
2 Tortilla-Fladen
100 g geriebener Käse
  (z. B. Gouda)
50 g Mais (Dose)

1. Die Paprikaschote in kleine Würfel schneiden. Die Hähnchenbrustfilets ebenfalls in sehr kleine Stücke schneiden.

2. Etwas Öl in einer Pfanne erhitzen und das Hähnchen darin unter regelmäßigem Wenden garen. Mit Salz und Pfeffer würzen und beiseitestellen.

3. Einen Tortilla-Fladen in die Pfanne geben, ¼ von Käse, Paprikawürfel, Mais und Hähnchen darüber verteilen. In der Mitte zusammenklappen und von beiden Seiten braten, bis der Käse geschmolzen ist.

4. Den anderen Tortilla-Fladen ebenso zubereiten.

5. Die Quesadillas z. B. mit Guacamole oder einem Joghurt-Dip servieren.

Blumenkohl mit Tahini

Zubereitungszeit: 30 Minuten
Für 4 Personen

ZUTATEN

Für die Tahini-Soße:

2 Knoblauchzehen
2 EL Tahini
Saft von 1 Zitrone
2 EL Olivenöl
1 Prise Salz
1 Prise Pfeffer
2 EL kaltes Wasser
   (bei Bedarf)

Für den Blumenkohl:

1 Blumenkohl
1 Prise Muskat
1 Prise Salz
1 Prise Pfeffer
Olivenöl zum
   Bestreichen
1 Handvoll Haselnüsse
1 EL frisch gehackte
   Petersilie

1. Den Knoblauch zerdrücken. In einer kleinen Schüssel mit Tahini, Zitronensaft, Olivenöl, Salz und Pfeffer verrühren. Etwas Wasser dazugeben, bis die gewünschte Konsistenz erreicht ist. Die Soße abschmecken und zur Seite stellen.

2. Die äußeren Blätter vom Blumenkohl entfernen. Den Strunk zu einem flachen Boden schneiden und den Kohl auf ein Schneidebrett stellen. Mit einem langen Messer in der Mitte von oben nach unten durchschneiden und von den beiden Hälften je eine 3 cm dicke Scheibe abschneiden, sodass der Strunk die Röschen zusammenhält. Die »Steaks« auf beiden Seiten mit Olivenöl bestreichen und mit Muskat, Salz und Pfeffer würzen.

3. Die Steaks von beiden Seiten in einer Pfanne 7–8 Minuten pro Seite braten, bis sie bissfest gegart und goldbraun sind. In der Zwischenzeit die Haselnüsse in einer kleinen Pfanne ohne Fett rösten und grob hacken.

4. Die gegrillten Blumenkohl-Steaks mit etwas Tahini-Soße beträufeln, mit Haselnüssen und Petersilie garnieren. Die verbliebene Soße separat dazu reichen.

Tipp

Mit einem Zahnstocher kannst du prüfen, wie gar der Blumenkohl schon ist. Der Zahnstocher sollte sich nach dem Einstechen ohne Probleme wieder herausziehen lassen.

Parmesan-Kartoffeln

Zubereitungszeit: 30 Minuten
Für 4 Personen

ZUTATEN

600 g gegarte kleine Kartoffeln (Drillinge)
100 g Butter
200 g geriebener Parmesan
2 TL Knoblauchpulver

Für den Joghurt-Dip:

1 Knoblauchzehe
200 g Joghurt
1 EL frische Schnittlauchröllchen, ersatzweise getrockneten Schnittlauch
1 TL »Sour Cream und Onion«-Gewürzmischung

1. Den Backofen auf 200 °C Ober-/Unterhitze vorheizen.

2. Die Butter in einem kleinen Topf oder bei reduzierter Wattzahl in der Mikrowelle zerlassen.

3. Die Butter auf ein mit Backpapier ausgelegtes Blech gießen. 150 g Parmesan und das Knoblauchpulver darüberstreuen und alles mit einem Backpinsel gleichmäßig auf dem Backpapier verteilen.

4. Die Kartoffeln auf das Blech geben und in der Butter-Parmesan-Masse wenden. Die Kartoffeln anschließend mit der Unterseite eines Glases etwas zerdrücken. Den restlichen Parmesan über die Kartoffeln streuen und das Blech in den Ofen schieben.

5. Die Kartoffeln im vorgeheizten Ofen ca. 20 Minuten knusprig backen.

6. In der Zwischenzeit den Joghurt-Dip zubereiten. Die Knoblauchzehe hacken und in den Joghurt rühren. Schnittlauch und »Sour Cream und Onion«-Gewürzmischung zugeben und gründlich vermengen.

Sriracha-Chicken mit Honig und Knoblauch

Zubereitungszeit: 30 Minuten
Für 4 Personen

ZUTATEN

- 400 g Hähnchen-brustfilet oder -geschnetzeltes
- 4 Eier
- 200 g Panko (japanisches Paniermehl)
- 4 EL Knoblauchpulver
- ½ TL Salz
- 4 EL Paprikapulver edelsüß
- 150 ml Sriracha
- 4 EL Honig
- 3 EL gehackte Petersilie
- 3 EL Wasser

1. Die Hähnchenfilets in kleine Stückchen schneiden. Die Eier in einer Schüssel verquirlen. Panko mit Knoblauchpulver, Salz und Paprikapulver in einem tiefen Teller vermischen.

2. Ein Backblech mit Backpapier belegen und den Backofen auf 150 °C Ober-/Unterhitze vorheizen.

3. Die Hähnchenwürfel zuerst in der Eimasse wenden, dann im Paniermehl wälzen. Die panierten Hähnchenstücke mit etwas Abstand auf dem mit Backpapier ausgelegten Backblech verteilen.

4. Im Ofen 15 Minuten backen.

5. In der Zwischenzeit die Sriracha in einer Schüssel mit Honig, Petersilie und Wasser verrühren.

6. Das Hähnchen nach Ende der Backzeit aus dem Ofen nehmen, in die vorbereitete Sriracha-Soße dippen und wieder auf das Backblech legen. Weitere 10–15 Minuten backen.

7. Das Hähnchen nach Wunsch mit Reis oder als Fingerfood mit Mayonnaise servieren.

Gurken-Sushi

Zubereitungszeit: 15 Minuten
Für 4 Personen

ZUTATEN

3 kleine Gurken
150 g geräucherter Lachs
300 g Frischkäse
Sesam (nach Belieben)
Sojasoße zum Servieren
100 g Reis, gekocht

1. Die Gurken waschen und anschließend zwei Gurken mit einem Gemüsehobel in lange dünne Streifen schneiden. Die dünnen Gurkenstreifen nun nebeneinander auf ein Küchenpapier legen und mit einem weiteren Küchenpapier trocken tupfen.

2. Die Gurkenstreifen so auf eine Sushi-Matte legen, dass sie einander etwa bis zur Hälfte überlappen. Wer keine Sushi-Matte hat, kann Klarsichtfolie oder Backpapier verwenden.

3. Den Reis und danach den Frischkäse gleichmäßig auf den Gurkenstreifen verstreichen.

4. Die dritte Gurke schälen und in lange Stäbchen schneiden. Den Lachs ebenfalls in lange Stäbchen schneiden. An ein Ende der Gurkenplatte legen, daneben Gurkenstäbchen. Mithilfe der Sushi-Matte das Gurken-Sushi von der belegten Kante her eng aufrollen und leicht festdrücken.

5. Nach Belieben mit Sesam bestreuen und mit Sojasoße servieren.

Pikante Blätterteighappen

Zubereitungszeit: 25–30 Minuten
Für 4 Personen

ZUTATEN

1 Portion Blätterteig
(Kühlregal)
200 g Kräuterfrischkäse
100 g Schinkenwürfel
150 g geriebener Käse
1 Eigelb
Sesam zum Bestreuen

1. Den Backofen auf 200 °C Ober-/Unterhitze vorheizen.

2. Den Blätterteig entrollen und gleichmäßig mit dem Frischkäse bestreichen.

3. Eine Hälfte mit den Schinkenwürfeln sowie dem geriebenem Käse bestreuen.

4. Die Teigplatten über der bestreuten Hälfte zusammenklappen und etwas andrücken. Mit einem scharfen Messer in kleine Portionen schneiden.

5. Das Eigelb verquirlen und die Blätterteighappen damit bepinseln.

6. Auf ein mit Backpapier ausgelegtes Blech legen, mit Sesam bestreuen und im vorgeheizten Ofen 15–20 Minuten backen.

Käse-Cracker

Zubereitungszeit: 20 Minuten
Für 4 Personen

ZUTATEN

200 g Cheddar,
in Scheiben

1. Den Backofen auf 200 °C Ober-/Unterhitze vorheizen.

2. Die Käsescheiben vierteln, dann mit etwas Abstand auf ein mit Backpapier ausgelegtes Blech legen.

3. Im vorgeheizten Ofen 10–15 Minuten backen, bis der Käse an den Rändern bräunt. Auf dem Blech abkühlen lassen.

Tipp

Zu den Käse-Crackern passt der Tomaten-Feta-Dip von S. 28 gut.

Tomaten-Feta-Dip

Zubereitungszeit: 10 Minuten
Für 4 Portionen

ZUTATEN

1 Knoblauchzehe

1 Handvoll Basilikum-
   blätter

100 g getrocknete
   Tomaten in Öl (Glas)

100 g Feta

100 g Frischkäse

Salz und Pfeffer

italienische Gewürz-
   mischung

1. Den Knoblauch grob hacken.

2. Die Basilikumblätter waschen und ebenfalls grob hacken.

3. Die getrockneten Tomaten mit Feta, Knoblauch, Basilikum und Frischkäse mit einem Stabmixer (nicht zu fein) pürieren. Mit Salz, Pfeffer und italienischer Gewürzmischung abschmecken.

HERZHAFTE HAUPTGERICHTE

Knoblauch-Ramen

Zubereitungszeit: 15 Minuten
Für 4 Personen

ZUTATEN

400 g Ramen-Nudeln
3 Knoblauchzehen
2 EL Erdnüsse
1 Bund Frühlings-
  zwiebeln
4 EL Sesam- oder
  Chiliöl
1–2 TL Chiliflocken
2 EL Sojasoße
Salz

1. Die Nudeln 1 ½ Minuten in einem Topf mit kochendem Wasser quellen lassen. Duch ein Sieb abseihen.

2. Den Knoblauch und die Erdnüsse hacken, die Frühlingszwiebeln in feine Ringe schneiden; weißen und grünen Teil separat.

3. Das Öl in einer großen Pfanne erhitzen und den Knoblauch sowie die weißen Frühlingszwiebelringe darin 1–2 Minuten anbraten.

4. Die Chiliflocken hinzugeben und unter Rühren weitere 1–2 Minuten erhitzen.

5. Mit der Sojasoße ablöschen und nun auch die grünen Frühlingszwiebelringe unterheben.

6. Zum Schluss die Nudeln in die Pfanne geben und alles noch mal gut erhitzen und vermengen und bei Bedarf mit Salz abschmecken.

7. Die Nudeln mit den gehackten Erdnüssen bestreut servieren.

Fetastrudel mit Salat

Zubereitungszeit: 25 Minuten
Für 4 Personen

ZUTATEN

Für den Strudel:

400 g Feta
(2 Päckchen à 200 g)
4 Blätter Strudelteig
(heißt je nach
Lebensmittelgeschäft
auch Yufka oder Filo)
50 g Butter
2 EL Sesam

Für den Salat:

2 Romana-Salatköpfe
1 rote Paprikaschote
1 gelbe Paprikaschote
1 Salatgurke
200 g Kirschtomaten
100 g Oliven
6 EL Olivenöl
4 EL Balsamico-Essig
1 Prise Salz
1 Prise Pfeffer

1. Den Backofen auf 180 °C Ober-/Unterhitze vorheizen.

2. Die Butter in einem kleinen Topf oder bei reduzierter Wattzahl in der Mikrowelle zerlassen und die Teigblätter damit bepinseln.

3. Den Feta jeweils längs halbieren und je ein Stück mittig auf ein Teigblatt legen. Zu einem Päckchen wickeln und falten, mit etwas Wasser besprenkeln und mit dem Sesam bestreuen. Im vorgeheizten Ofen 15 Minuten backen.

4. In der Zwischenzeit den Salat vorbereiten. Salat, Paprika und Gurke waschen und in mundgerechte Stücke schneiden. Die Tomaten halbieren.

5. Alle zerkleinerten Zutaten und die Oliven in einer Schüssel mit Olivenöl und Balsamico-Essig vermengen. Mit Salz und Pfeffer würzen.

6. Die Fetapäckchen mit dem Salat servieren.

Tipp

Honig als Verfeinerung passt gut dazu. Am besten träufelst du ihn vor dem Einwickeln über den Feta.

Halloumi-Pasta

Zubereitungszeit: 25 Minuten
Für 4 Personen

ZUTATEN

200 g Halloumi
2 EL getrocknete Minze
4 Zweige frische Minze
2 l Hühnerbrühe
400 g Nudeln,
   z. B. Penne
Zitronensaft
Salz und Pfeffer

1. Den Halloumi reiben oder sehr klein würfeln und in einer Schüssel mit der getrockneten Minze vermischen.

2. Die frische Minze fein hacken, dann beiseitestellen.

3. Die Hühnerbrühe in einem Topf aufkochen. Die Nudeln darin bissfest garen. Abgießen, dabei die Brühe auffangen und eventuell anderweitig verwenden.

4. Die Nudeln zurück in den Topf geben. Die Halloumimischung unterheben und alles mit Zitronensaft, Salz und Pfeffer abschmecken.

5. Auf vier Pastateller verteilen und die Nudeln mit frischer Minze garniert servieren.

Wok-Hähnchen mit Reis

Zubereitungszeit: 30 Minuten
Für 4 Personen

ZUTATEN

400 g Hähnchen-
brustfilet

Für die Marinade:

2 EL Sojasoße
2 EL Sesamöl
1 EL Stärke
1 TL Reiswein

Für die Soße:

250 ml Hühnerbrühe
3 EL Sojasoße
3 EL Honig
2 EL Austernsoße
1 EL Reiswein
1 EL Sesamöl
1–3 TL Sriracha
2 TL Stärke

Außerdem:

1 Bund Frühlings-
zwiebeln
6 Knoblauchzehen
1 grüne Paprikaschote
1 gelbe Paprikaschote
100 g Cashewkerne
3 EL Erdnussöl
Sesam zum Garnieren
gekochter Reis, als
Beilage

1. Das Hähnchen in mundgerechte Stücke schneiden.

2. Alle Zutaten für die Marinade in einer flachen Schale verrühren. Das Hähnchen darin wenden und abgedeckt in den Kühlschrank stellen.

3. In der Zwischenzeit alle Zutaten für die Soße in einer Schüssel verrühren und ebenfalls beiseitestellen.

4. Die Frühlingszwiebeln in feine Ringe schneiden (grünen und weißen Teil separat), den Knoblauch fein hacken und die Paprikaschoten in kleine Würfel schneiden.

5. Die Cashews ohne Fett 2–5 Minuten in einer Pfanne rösten. Auf einen Teller geben und beiseitestellen.

6. 2 EL Erdnussöl in derselben Pfanne stark erhitzen und die Hähnchenstücke darin 2–3 Minuten rundum anbraten. Ebenfalls aus der Pfanne nehmen und beiseitestellen.

7. Das restliche Erdnussöl erhitzen und die Paprikawürfel sowie die weißen Frühlingszwiebelringe darin 3 Minuten scharf anbraten.

8. Temperatur reduzieren, den Knoblauch hinzugeben und 30 Sekunden dünsten.

9. Die vorbereitete Soße, Hähnchen, Cashew sowie die grünen Frühlingszwiebelringe hinzugeben und einrühren. 1–2 Minuten köcheln, bis das Fleisch durch und erhitzt ist.

10. Mit Sesam bestreuen und Reis dazu reichen.

Sahne-Shrimps »Toskana«

Zubereitungszeit: 15 Minuten
Für 4 Personen

ZUTATEN

- 2 EL Butter
- 1 TL Mehl
- 400 g Shrimps
- 4 Knoblauchzehen
- 200 g Sahne
- 1 TL italienische Gewürzmischung
- 250 g Spinat (frischer Spinat, geputzt, oder TK-Spinat, aufgetaut)
- 100 g getrocknete Tomaten
- ½ TL Zitronensaft
- 1 Prise Salz
- 1 Prise Pfeffer

1. Die Butter in einer großen Pfanne oder im Wok erhitzen. Den Knoblauch hacken und darin anbraten, aber nicht bräunen. Das Mehl hinzugeben und rühren, bis die Masse glatt und klümpchenfrei ist.

2. Die Sahne zugießen und wieder rühren, bis alles glatt ist. Die Gewürzmischung einrühren. Alles 2 Minuten köcheln, dann die Hitze des Herds etwas reduzieren.

3. Die Shrimps in die Pfanne geben und 5 Minuten köcheln, bis sie gar und rosa sind.

4. Spinat und getrocknete Tomaten unterrühren. Mit Zitronensaft, Salz und Pfeffer abschmecken und sofort servieren.

5. Nach Belieben zusätzlichen Zitronensaft und geriebenen Parmesan dazu reichen.

Spicy Lemon Pasta

Zubereitungszeit: 30 Minuten
Für 4 Personen

ZUTATEN

400 g Spaghetti oder
Penne

½ Schalotte

4 Knoblauchzehen

2 Bio-Zitronen

2 EL Butter

1–2 TL Chiliflocken

200 g Sahne

100 g geriebener
Parmesan

Salz

2 EL fein gehacktes
Basilikum

1. Salzwasser in einem großen Topf aufkochen. Die Nudeln darin bissfest garen, dann abgießen, dabei etwas von dem Nudelwasser auffangen.

2. In der Zwischenzeit Schalotte und Knoblauch hacken. Die Zitronen waschen, etwas Schale abreiben, dann die Zitronen auspressen.

3. Die Butter in einer Pfanne erhitzen und die Schalotte darin 3 Minuten andünsten. Danach den Knoblauch hinzufügen und weitere 1–2 Minuten dünsten.

4. Die Chiliflocken sowie die Hälfte des Zitronensafts unterrühren und 1–2 Minuten bei schwacher Hitze köcheln.

5. Die Pfanne vom Herd nehmen. Die Sahne, den Zitronenabrieb sowie den Parmesan unterrühren. Mit Salz und eventuell mit mehr Zitronensaft abschmecken.

6. Die Nudeln in die Sahnesoße geben, gut umrühren und bei mittlerer Hitze erwärmen – nicht kochen, der Zitronensaft könnte die Sahne gerinnen lassen.
Je nach gewünschter Cremigkeit der Soße etwas Nudelwasser hinzugeben.

7. Die Nudeln mit dem Basilikum bestreut servieren.

Mexikanische Bowl

Zubereitungszeit: 30 Minuten
Für 4 Personen

ZUTATEN

Für das Hähnchen und die Paprika:

1 Knoblauchzehe, gehackt
2 EL Limettensaft
2 EL Öl
1 Prise Salz
1 TL Chiliflocken
1 EL frisch gehackter Koriander
4 Hähnchenbrustfilets
2 Paprikaschoten (1 rote, 1 gelbe)

Für die Bowl:

2 Romana-Salatherzen
1 Avocado
2 Packungen Express-Reis (gegart und vakuumverpackt)
200 g schwarze Bohnen oder Kidneybohnen (Dose)
200 g Mais (Dose)

Für das Dressing:

1 Knoblauchzehe
2 EL Olivenöl
3 EL Limettensaft
1 EL frisch gehackter Koriander
½ TL Honig
½ TL Salz
½ TL Chiliflocken

1. Für die Marinade den Knoblauch fein hacken. Mit Limettensaft, 1 EL Öl, Salz, Chiliflocken und Koriander vermischen. Die Hähnchenbrust damit rundum bestreichen und zum Marinieren in den Kühlschrank stellen.

2. In der Zwischenzeit die Paprikaschoten und die Salatherzen waschen. Paprika und Avocado in Streifen schneiden. Den Reis in einer Pfanne oder in der Mikrowelle kurz erwärmen.

3. Den verbliebenen EL Öl in einer Pfanne erhitzen und die Hähnchenbrustfilets darin von beiden Seiten gar braten. Aus der Pfanne nehmen, in Scheiben schneiden und beiseitestellen. Pfanne nicht spülen.

4. Die Paprikastreifen in derselben Pfanne kurz scharf anbraten. Nach Geschmack würzen.

5. Schwarze Bohnen und Mais abspülen und abtropfen lassen. Dann mit allen übrigen Zutaten dekorativ auf vier Schalen verteilen.

6. Für das Dressing den Knoblauch fein hacken, dann mit den übrigen Dressingzutaten verrühren und separat zur Bowl reichen.

Kokos-Curry-Nudelsuppe

Zubereitungszeit: 25 Minuten
Für 4 Personen

ZUTATEN

1 Stängel Zitronengras
2 Knoblauchzehen
40 g frische Ingwer-
    wurzel
1 kleine getrocknete
    Chilischote
4 Kaffir-Limettenblätter
600 ml Gemüsebrühe
1 Bio-Zitrone
    (oder Limette)
400 g große Garnelen,
    ohne Darm und Kopf
1 Dose Kokosmilch
    (400 ml)
2 EL Limettensaft
3 TL rote Currypaste
200 g Mie-Nudeln
Sojasoße
1 frischer grüner Chili
frische Koriander-
    blättchen zum
    Garnieren

1. Das Zitronengras waschen und längs halbieren. Knoblauch und Ingwer schälen und in dünne Scheiben schneiden.

2. Zusammen mit dem getrockneten Chili und den Kaffir-Limettenblättern in der Brühe aufkochen und bei geringer Hitze 12 Minuten ziehen lassen.

3. In der Zwischenzeit die Zitrone waschen und in Achtel schneiden. Die Garnelen mit Küchenpapier abtupfen.

4. Die Brühe mit den Würzzutaten durch ein feines Sieb in einen Topf gießen. Die Feststoffe entsorgen. Die Kokosmilch, Limettensaft und Currypaste einrühren und alles aufkochen.

5. Die Garnelen dazugeben und 10 Minuten gar ziehen lassen.

6. In der Zwischenzeit die Nudeln nach Packungs- anweisung kochen und abtropfen lassen.

7. Die Suppe mit Sojasoße abschmecken – nach Belie- ben zusätzlich mit Salz und Pfeffer würzen. Die Nudeln auf vier Schalen verteilen und die Suppe darübergießen.

8. Den frischen grünen Chili in dünne Ringe schneiden. Die Suppe mit Chiliringen und Koriander garniert servieren. Die Zitronenspalten dazureichen.

Gnocchi mit cremiger Spinatsoße

Zubereitungszeit: 10 Minuten
Für 4 Personen

ZUTATEN

800 g Gnocchi aus dem Kühlregal
3 Knoblauchzehen
Rapsöl zum Braten
200 g Sahne
50 g geriebener Parmesan, plus etwas mehr zum Bestreuen
200 g frischer Babyspinat
2 EL Pinienkerne
Salz und Pfeffer

1. Salzwasser in einem großen Topf aufkochen.

2. Den Knoblauch fein hacken und bei geringer Hitze in einer großen Pfanne mit einem Schuss Öl 2 Minuten anschwitzen.

3. Den Knoblauch mit der Sahne ablöschen und 2–3 Minuten köcheln.

4. Die Gnocchi in das kochende Wasser geben und wenige Minuten garen. Sie sind fertig, sobald sie an die Oberfläche steigen. Die Gnocchi abgießen und mit dem Parmesan in die Sahnesoße geben.

5. Den Spinat unterheben und mit Salz und Pfeffer abschmecken.

6. Mit Parmesan und Pinienkernen bestreut servieren.

Nudelsalat »Italia«

Zubereitungszeit: 10 Minuten
Für 4 Personen

ZUTATEN

- 400 g Spiralnudeln oder Fusilli
- 200 g frischer Babyspinat
- 200 g Kirschtomaten
- 2 Avocados
- 100 g getrocknete Tomaten
- 1 Zitrone
- 4–6 EL Olivenöl
- Salz und Pfeffer
- 50 g geriebener Parmesan

1. Die Nudeln gemäß Packungsanleitung garen, dann abgießen und unter fließend kaltem Wasser kurz abschrecken.

2. Während die Nudeln kochen, die übrigen Zutaten vorbereiten: den Spinat waschen und in Stücke zupfen. Die Tomaten waschen und vierteln oder halbieren.

3. Die Avocados schälen und halbieren. Das Fruchtfleisch in kleine Würfel schneiden. Die getrockneten Tomaten in Streifen schneiden.

4. Die Zitrone auspressen und den Saft mit dem Olivenöl verrühren. Mit Salz und Pfeffer kräftig würzen.

5. Alle vorbereiteten Zutaten in einer Salatschüssel vermengen. Das Dressing unterheben und mit dem Parmesan bestreut servieren.

Hähnchen »süß-sauer«

Zubereitungszeit: 25 Minuten
Für 4 Personen

ZUTATEN

500 g Hähnchen-
  brustfilet
1 rote Paprikaschote
1 grüne Paprikaschote
2 Zwiebeln
2 Knoblauchzehen
150 g Ananas-
  stücke (Dose)
Rapsöl zum Braten

Für die Marinade:

2 EL Sojasoße
1 TL Salz
½ TL schwarzer Pfeffer
1 Ei
5 EL Speisestärke

Für die Soße:

125 ml Ananassaft
  (Dose)
1 EL Tomatenketchup
1 EL Tomatenmark
1 EL Sojasoße
2 EL brauner Zucker
1 EL Honig
1 TL Salz
2 EL Wasser
1 Stück Ingwer
  (2–3 cm), fein gehackt
1 TL Speisestärke

1. Das Hähnchenfleisch in mundgerechte Stücke schneiden und in eine Schüssel geben.

2. Für die Marinade Sojasoße mit Salz, Pfeffer und Ei in einer Schüssel verquirlen. Das Hähnchen hinzugeben und darin wenden. Die Speisestärke darüberstäuben und alles gut vermengen. Beiseitestellen.

3. Die Paprikaschoten in mundgerechte Stücke schneiden. Die Zwiebeln würfeln und den Knoblauch fein hacken.

4. Die Ananasstücke (ohne Saft) in eine Schüssel geben, den Saft auffangen.

5. Den Ananassaft in einen Topf geben. Tomatenketchup, Tomatenmark, Sojasoße, braunen Zucker, Honig, Salz und Wasser einrühren.

6. Den Ingwer schälen und sehr fein hacken oder reiben. Zur Soße geben.

7. Von der Soße 2 EL entnehmen und mit der Speisestärke in einer kleinen Schüssel glatt rühren. Die Soße erhitzen. Sobald sie kocht, die angerührte Stärke hinzugeben. Unter Rühren kochen, bis die Soße andickt, dann vom Herd nehmen.

8. Parallel das Hähnchen in einer Pfanne in reichlich Öl ausbacken. Aus der Pfanne heben und beiseitestellen.

9. Paprika, Zwiebeln und Knoblauch in der Pfanne 5 Minuten braten. Gelegentlich umrühren.

10. Die Soße über das Gemüse in die Pfanne gießen und 2–3 Minuten köcheln.

11. Zum Schluss die Hähnchenstücke und die Ananasstücke hinzugeben, gut verrühren und kurz erhitzen.

12. Mit Reis servieren.

Venezianisches Risi-Pisi

Zubereitungszeit: 30 Minuten
Für 4 Personen

ZUTATEN

- 1 Zwiebel
- 60 g roher Schinken
- 40 g Butter
- 200 g Reis
- 250 g Erbsen (frisch oder Tiefkühlware, aufgetaut)
- 700 ml Rinderbrühe
- 1 EL frisch gehackte Petersilie
- 50 g geriebener Parmesan, plus etwas mehr zum Servieren
- Salz und Pfeffer

1. Zwiebel und Schinken fein würfeln.

2. Die Hälfte der Butter in einem Topf zerlassen. Schinken und Zwiebel darin anbraten. Den Reis zugeben und rühren, bis er fettig glänzt.

3. Den Großteil der heißen Brühe zugießen. 15 Minuten bei mittlerer Hitze köcheln lassen. Die Erbsen hinzugeben und weitere 5 Minuten garen.

4. Falls erforderlich, die restliche Brühe zugießen. Sobald der Reis al dente ist, den Topf vom Herd nehmen und Petersilie, Parmesan sowie die restliche Butter unterrühren. Mit Salz und Pfeffer abschmecken. Noch 2 Minuten quellen lassen.

5. Heiß servieren und den zusätzlichen Parmesan dazureichen.

Risotto mit Walnüssen und Gorgonzola

Zubereitungszeit: 30 Minuten
Für 4 Personen

ZUTATEN

1 Zwiebel
1 EL Butter
250 g Risotto-Reis
  (z. B. Arborio)
800 ml Hühner- oder
  Gemüsebrühe
100 g Gorgonzola mit
  Mascarpone-Kern
3 EL Sahne
80 g geriebener
  Parmesan
Salz und Pfeffer
2–3 EL Walnusskerne
frische Thymian-
  blättchen zum
  Garnieren

1. Die Zwiebel fein würfeln.

2. Die Butter in einem Topf zerlassen und die Zwiebel-
   würfel darin andünsten.

3. Den Reis hinzugeben und rühren, bis er fettig glänzt.
   Mit ⅓ der Brühe ablöschen und rühren, bis der Reis
   die Brühe aufgesogen hat. Den Vorgang mit der
   restlichen Brühe wiederholen, bis der Reis die
   Flüssigkeit aufgenommen hat und gar ist. Vom Herd
   nehmen.

4. Den Gorgonzola, die Sahne und die Hälfte des Parme-
   sans unterrühren. Zugedeckt 2 Minuten erhitzen.

5. Den Risotto mit Salz und Pfeffer abschmecken und
   die Walnüsse grob hacken. Mit Thymian und Wal-
   nüssen bestreut servieren.

Hähnchen-Bohnen-Topf in Tomate

Zubereitungszeit: 30 Minuten
Für 4 Personen

ZUTATEN

- 1 Zwiebel
- 2 Knoblauchzehen
- 2 EL Olivenöl
- 400 g Tomatensoße (Fertigprodukt)
- 2–4 Kartoffeln
- 1 rote Paprikaschote
- 1 orange Paprikaschote
- 8 Hähnchenteile (Unterschenkel und/oder Wings)
- Salz und Pfeffer
- ½ TL Zucker
- 1 TL italienische Gewürzmischung
- 200 g kleine weiße Bohnen (Dose)
- Basilikumblätter zum Garnieren

1. Den Backofen auf 200 °C Ober-/Unterhitze vorheizen.

2. Die Zwiebel in feine Spalten schneiden und den Knoblauch fein hacken.

3. Das Öl in einer Pfanne erhitzen und die Zwiebel darin glasig dünsten. Den Knoblauch zugeben und kurz mitdünsten, dann die Tomatensoße unterrühren.

4. In der Zwischenzeit die Kartoffeln und die Paprikaschoten in kleine Würfel schneiden.

5. Die Soße aus der Pfanne in eine Auflaufform gießen. Die Hähnchenteile sowie Kartoffeln und Gemüse darüber verteilen. Mit Salz, Pfeffer, Zucker und italienischer Gewürzmischung abschmecken.

6. Das Ganze im Ofen 25 Minuten garen. Die Bohnen abgießen, abtropfen lassen und unter das Gericht heben. Weitere 5 Minuten backen, bis die Bohnen heiß und die Kartoffeln gar sind.

7. Mit Basilikum garniert servieren. Dazu passt Baguette.

Köttbullar

Zubereitungszeit: 30 Minuten
Für 4 Personen

ZUTATEN

Für die Hackbällchen:

1 Zwiebel
1 ½ EL Butterschmalz
½ EL Zucker
100 g Sahne
50 g Semmelbrösel
2 TL Speisestärke
500 g Rinderhackfleisch
1 Ei
1 Prise Pfeffer
¼ TL Salz

Für die Soße:

2 EL Butter
25 g Mehl
300 ml Bratenfond
150 g Sahne
1 TL Sojasoße
Pfeffer, Salz
gehackte Petersilie zum
   Garnieren

1. Die Zwiebel fein hacken. Mit ½ EL Butterschmalz und dem Zucker in einer Pfanne goldbraun karamellisieren. Abkühlen lassen.

2. Die Sahne mit den Semmelbröseln und der Speisestärke verrühren.

3. Das Hackfleisch mit Ei und Zwiebeln zur Sahnemischung geben, gründlich vermischen und mit Pfeffer und Salz würzen. Aus der Masse mit feuchten Händen 3–4 cm große Bällchen formen und in dem restlichen Butterschmalz rundum kräftig anbraten. (Nicht ganz durchgaren.)

4. Die Köttbullar aus der Pfanne nehmen und beiseitestellen.

5. Aus dem Bratenansatz in der Pfanne die Soße zubereiten: die Butter und das Mehl zugeben, glatt rühren und leicht bräunen.

6. Fond, Sahne und Sojasoße zugießen und unter Rühren aufkochen, bis die Soße etwas eindickt. Die Fleischbällchen in die Soße geben und noch einmal erhitzen.

7. Mit Petersilie garniert servieren. Dazu passt Kartoffelpüree.

Eier mit Grilled Cheese

Zubereitungszeit: 20 Minuten
Für 4 Personen

ZUTATEN

200 g Tomaten
1 Knoblauchzehe
5 EL Olivenöl
Salz und Pfeffer
8 Eier
1 TL Rühreigewürz-
  mischung
200 g Halloumi

1. Die Tomaten waschen und vierteln. Den Knoblauch fein hacken.

2. 1 EL Öl in einer Pfanne erhitzen und den Knoblauch darin kurz dünsten. Die Tomaten hinzugeben und so lange schmoren, bis sie weich sind. Mit Salz und Pfeffer abschmecken.

3. In der Zwischenzeit die Eier in einer Schüssel verquirlen und mit der Gewürzmischung abschmecken. In einer heißen Pfanne mit 2 EL Öl zu Rührei verarbeiten.

4. Den Halloumi in Stücke schneiden und in einer kleinen Pfanne in 2 EL Öl knusprig braten.

5. Das Rührei auf der Tomatensoße anrichten. Mit dem Halloumi servieren.

Kartoffelpuffer

Zubereitungszeit: 15 Minuten
Für 4 Personen

ZUTATEN

- 500 g gegarte fest-
  kochende Kartoffeln
- 1 Ei
- 120 g Mehl
- 20 g Speisestärke
- Salz und Pfeffer
- 1 Prise Muskat
- 2 EL Rapsöl
- 30 g Butter
- 70 g saure Sahne oder
  Crème fraîche
- 150 g Räucherlachs

1. Die gekochten Kartoffeln durch eine Kartoffelpresse drücken.

2. Die Kartoffelmasse mit Ei, Mehl und Speisestärke mischen. Mit Salz, Pfeffer und Muskat würzen.

3. In einer Pfanne das Öl und die Butter erhitzen. Mit feuchten Händen aus der Kartoffelmasse handteller-große Puffer formen und von beiden Seiten braten. Aus der Pfanne nehmen und auf Küchenpapier abtropfen lassen.

4. Die Kartoffelpuffer mit saurer Sahne oder Crème fraîche und Lachs servieren.

Zitronenrisotto

Zubereitungszeit: 20 Minuten
Für 4 Personen

ZUTATEN

- 4 Knoblauchzehen
- 2 EL Butter
- 1 Bio-Zitrone
- 800–900 ml Gemüse-
  brühe
- 180 g Risotto-Reis
  (z. B. Arborio)
- 4 EL geriebener
  Parmesan
- 1 Prise Kurkuma
- Salz und Pfeffer
- 1 EL frisch gehackte
  Petersilie

1. Den Knoblauch fein hacken. Die Butter in einem Topf zerlassen und den Knoblauch darin andünsten. Etwas Zitronenschale abreiben und dazugeben (mit 1 TL anfangen und nach Belieben gegen Ende der Kochzeit noch etwas einrühren).

2. Den Reis zugeben und rühren, bis er fettig glänzt.

3. Portionsweise die Brühe zugießen und so lange köcheln, bis der Reis die Flüssigkeit aufgesogen hat und bissfest ist. Dafür ist eventuell nicht die ganze Menge Brühe nötig.

4. Den Parmesan und Kurkuma einrühren, dann den Risotto mit Salz und Pfeffer abschmecken. Mit Petersilie bestreut servieren.

Bowl mit Quinoa und Lachs

Zubereitungszeit: 15 Minuten
Für 4 Personen

ZUTATEN

1–2 EL Sesamöl
4 Lachsfilets
1 Mango
1 Paprikaschote
350 g Express-Quinoa
2 Limetten
3 EL Tahini
100 g Granatapfelkerne
frische Minze zum
   Garnieren

1. Das Sesamöl in einer Pfanne erhitzen und die Lachsfilets von allen Seiten anbraten, dann bei reduzierter Hitze durchgaren.

2. In der Zwischenzeit das Mangofruchtfleisch in kleine Würfel schneiden, die Paprikaschote in Streifen schneiden.

3. Die Quinoa in der Mikrowelle gemäß Packungsanleitung erhitzen.

4. Eine Limette auspressen und den Saft mit dem Tahini verrühren.

5. Quinoa, Lachs, Mango, Paprika und Granatapfelkerne dekorativ in vier Schalen anrichten. Mit dem Tahini-Dressing beträufeln.

6. Mit frischer Minze garniert servieren und die restliche Limette dazu reichen.

Couscous-Bowl mit Feta und Oliven

Zubereitungszeit: 15 Minuten
Für 4 Personen

ZUTATEN

200 g Couscous
300 ml Gemüsebrühe
1 EL Olivenöl
1 Knoblauchzehe
200 g Tomaten
½ Salatgurke
200 g Feta
1 EL Tomatenmark
100 g Kichererbsen
   (Dose)
200 g Oliven

Für das Dressing:

3 EL Olivenöl
2 EL Zitronensaft
Salz und Pfeffer
italienische Gewürz-
   mischung

1. Den Couscous in einer Schüssel mit der kochend heißen Brühe übergießen, durchrühren und für 10 Minuten quellen lassen.

2. In der Zwischenzeit das Olivenöl in einer Pfanne erhitzen. Den Knoblauch fein hacken und im Öl andünsten. Vom Herd nehmen.

3. Die Tomaten und die Gurke in mundgerechte Stücke schneiden. Den Feta in Würfel schneiden.

4. Den Couscous mit Tomatenmark und Knoblauch verrühren.

5. Couscous, Tomaten, Gurke, Oliven und Kichererbsen dekorativ in Schalen anrichten.

6. Alle Zutaten für das Dressing verrühren und über die Bowls träufeln.

Spätzle mit Zwiebeln

Zubereitungszeit: 15 Minuten
Für 4 Personen

ZUTATEN

1 EL Butter
800-g-Packung Spätzle (Kühlregal)
2 Zwiebeln
2 Knoblauchzehen
4 EL Olivenöl
Salz und Pfeffer
1 Prise Muskat
150 g Gouda, gerieben
2 EL Sojasoße
1 Frühlingszwiebel

1. Die Butter in einer großen Pfanne zerlassen. Die Spätzle darin unter Rühren anbraten.

2. Die Zwiebeln in schmale Spalten schneiden, den Knoblauch fein hacken. Das Olivenöl in einer zweiten Pfanne erhitzen, dann Zwiebeln und Knoblauch darin dünsten, bis die Zwiebeln weich und glasig sind. Mit Salz, Pfeffer und Muskat würzen.

3. Den Käse über die Spätzle verteilen und bei leichter Hitze schmelzen lassen. Die Sojasoße unterrühren.

4. Die Frühlingszwiebel in feine Ringe schneiden. Die Spätzle mit Frühlingszwiebelringen bestreut servieren. Die Zwiebelsoße separat dazu reichen.

Bohnensalat mit Thunfisch

Zubereitungszeit: 20 Minuten
Für 4 Personen

ZUTATEN

- 2 Dosen weiße Bohnen (à 400 g)
- 200 g Kirschtomaten
- 1 Salatgurke
- 100 g Oliven
- 1 Knoblauchzehe
- 1 rote Zwiebel
- 50 g Feta
- 100 g Thunfisch in Öl
- 1 Zitrone
- Salz und Pfeffer
- italienische Gewürz-mischung
- ¼ TL Chiliflocken

1. Die Bohnen abspülen und abtropfen lassen. Tomaten und Gurke in kleine Stücke schneiden. Die Oliven in Scheiben schneiden. Den Knoblauch und die Zwiebel schälen und klein hacken. Den Feta zerkrümeln.

2. Die vorbereiteten Zutaten in eine Salatschüssel geben und einmal durchmischen.

3. Den Thunfisch abtropfen lassen, dabei das Öl auf-fangen. Den Thunfisch zum Salat geben. Die Zitrone auspressen, dann den Saft mit dem aufgefangenen Öl, Salz und Pfeffer, Gewürzmischung und Chili zu einem Dressing verrühren.

4. Das Dressing über den Salat gießen, alles gut ver-mengen und servieren.

Cremige Pilzpfanne

Zubereitungszeit: 20 Minuten
Für 4 Personen

ZUTATEN

- 1 Zwiebel
- 4 Knoblauchzehen
- 200 g Pilze
  (z. B. Champignons)
- Öl zum Braten
- 200 g Orzo/Kritharaki
  (Nudeln in Reisform)
- 600 ml Hühner- oder
  Gemüsebrühe
- 4 EL Frischkäse oder
  Sahne
- Salz und Pfeffer
- 2 EL frisch gehackte
  Petersilie
- geriebener Parmesan
  zum Bestreuen

1. Die Zwiebel und den Knoblauch schälen und fein hacken. Die Pilze putzen und in kleine Stücke schneiden.

2. Etwas Öl in einer Pfanne erhitzen. Die Zwiebel darin glasig andünsten, dann den Knoblauch hinzugeben und kurz mitdünsten.

3. Pilze und Nudeln einrühren und kurz anbraten. Die Brühe zugießen und aufkochen. Ca. 10 Minuten köcheln, bis die Nudeln bissfest sind.

4. Den Frischkäse unterrühren und mit Salz und Pfeffer abschmecken.

5. Die Pilzpfanne mit Petersilie garniert servieren. Den Parmesan separat dazureichen.

TRAUMHAFTE DESSERTS

Apfeltaschen

Zubereitungszeit: 25–30 Minuten
Für 4 Personen

ZUTATEN

2 Äpfel (z. B. Boskop)
30 g Butter
1 TL Zimt
60 g Zucker
1 TL Vanillezucker
1 Prise Salz
2 EL Zitronensaft
1 TL Stärke
1 EL Wasser
1 Portion Blätterteig
  (Kühlregal)
1 Ei
Zimt-Zucker zum
  Bestreuen

1. Den Backofen auf 200 °C Ober-/Unterhitze vorheizen.

2. Die Äpfel in kleine Würfel schneiden.

3. Die Butter in einem Topf zerlassen und die Äpfel hinzugeben. Zimt, Zucker, Vanillezucker, Salz und Zitronensaft hinzugeben und alles bei geringer Hitze und mit aufliegendem Deckel köcheln, bis die Äpfel weich sind.

4. Die Stärke und das Wasser in einer kleinen Schüssel glatt rühren, dann zu den Äpfeln geben und kurz aufkochen, bis die Mischung andickt.

5. Den Blätterteig entrollen und in vier gleich große, breite Streifen schneiden. Das Apfelkompott jeweils auf eine Hälfte der Apfeltaschen verteilen. Einen schmalen Rand frei lassen. Die freien Hälften des Blätterteiges darüberklappen. Die Ränder rundum mit einer Gabel andrücken und die Päckchen auf diese Weise verschließen. Die Apfeltaschen mit einem scharfen Messer einritzen, damit beim Backen Dampf entweichen kann.

6. Das Ei verquirlen und die Apfeltaschen damit bestreichen. Mit Zimt-Zucker bestreuen und im vorgeheizten Ofen 15–20 Minuten backen.

Dutch Baby mit Beeren

Zubereitungszeit: 30 Minuten
Für 4 Personen

ZUTATEN

2 EL Butter
4 Eier
250 ml Milch
2 TL Vanilleextrakt
4 TL Zucker
120 g Mehl
1 Prise Salz
100 g Blaubeeren
Puderzucker
(nach Belieben)

1. Den Backofen auf 200 °C Ober-/Unterhitze vorheizen.

2. Vier kleine hitzebeständige Förmchen mit der Butter einfetten und in den Ofen schieben.

3. In einer Schüssel Eier, Milch, Vanilleextrakt und Zucker verrühren.

4. Mehl und Salz hinzugeben und alles glatt rühren.

5. Die Förmchen aus dem Ofen nehmen. Die Butter sollte geschmolzen sein.

6. Die Blaubeeren in die Förmchen geben und den Teig darübergießen. Im Ofen ca. 20–25 Minuten backen.

7. Nach Wunsch mit zusätzlichen Blaubeeren und mit Puderzucker bestäubt servieren.

Express-Mini-Cheesecake

Zubereitungszeit: 10 Minuten
Für 4 Personen

ZUTATEN

4 Eier
160 g Joghurt (10 % Fett)
360 g Frischkäse
1 TL Stärke
4 Päckchen Vanille-
zucker
gesüßtes Pistazienmus
zum Garnieren
frische Himbeeren
(nach Belieben)

1. Eier, Joghurt, Frischkäse, Stärke und Vanillezucker in einer Schüssel glatt rühren.

2. Den Teig in vier hitzebeständige Förmchen füllen und in der Mikrowelle bei 800 Watt ca. 1 ½ Minuten backen.

3. Die Mini-Cheesecakes aus den Formen stürzen und mit einem Klecks Pistaziencreme servieren. Nach Belieben mit frischen Himbeeren garnieren.

Super easy Schokomousse

Zubereitungszeit: 10 Minuten
Für 4 Personen

ZUTATEN

500 g Schlagsahne
50 g Kakaopulver
100 g Puderzucker
1 EL Vanilleextrakt

1. Die Sahne mit dem Handmixer in einer Schüssel steif schlagen.

2. Kakaopulver und Puderzucker darübersieben. Vanilleextrakt hinzugeben und alles mit einem Schneebesen locker unterrühren.

3. Noch einmal kurz auf hoher Stufe mit dem Handmixer aufschlagen, bis eine homogene Creme entsteht.

4. Sofort servieren oder abgedeckt kalt stellen.

Luftiger Blaubeerkuchen vom Blech

Zubereitungszeit: 30 Minuten
Für 1 Blech

ZUTATEN

4 Eier
200 g Zucker
50 g geschmolzene
   Butter
100 ml Orangensaft
250 g Mehl
1 Päckchen Backpulver
300 g Heidelbeeren

1. Den Backofen auf 200 °C Ober-/Unterhitze vorheizen und ein kleines Backblech mit Backpapier auslegen.

2. Die Eier mit dem Zucker hell und schaumig aufschlagen. Butter und Orangensaft einrühren, dann Mehl und Backpulver.

3. Den Teig auf das vorbereitete Backblech geben und im heißen Ofen 10 Minuten backen.

4. Die Heidelbeeren auf dem Teig verteilen und den Kuchen weitere 15 Minuten backen.

Karamell-Bowl

Zubereitungszeit: 10 Minuten
Für 4 Personen

ZUTATEN

400 g Naturjoghurt
1 Becher Karamell-
pudding (200 g,
Fertigprodukt)
1 Apfel
2 EL ganze Mandeln
mit Haut
4 EL kernige Haferflocken
1 TL Zimt
Karamellsoße zum
Anrichten

1. Joghurt mit dem Karamellpudding verrühren und auf vier Schalen verteilen.

2. Den Apfel in dünne Spalten schneiden. Die Mandeln grob hacken.

3. Apfel, Mandeln, Haferflocken, Zimt und Karamellsoße dekorativ auf den Bowls verteilen.

Zwei-Zutaten-Kekse

Zubereitungszeit: 30 Minuten
Für 4 Personen

ZUTATEN

250 g Bananen (ohne
Schale gewogen)
150 g Sesam

1. Den Backofen auf 180 °C Ober-/Unterhitze vorheizen.

2. Die Bananen in einer Schüssel mit einer Gabel zerdrücken oder mit einem Stabmixer pürieren.

3. Den Sesam hinzugeben und alles gut verrühren.

4. 1 EL große Kleckse Teig auf ein mit Backpapier ausgelegtes Blech geben. Etwas flach streichen, sodass sich Kreise ergeben.

5. Im vorgeheizten Ofen 20–25 Minuten backen.

6-Zutaten-Erdnuss-Schokoriegel

Zubereitungszeit: 20 Minuten
Kühlzeit: 60 Minuten
Für 8 Riegel

ZUTATEN

- 280 g entsteinte Soft-Datteln
- 2 EL cremige Erdnussbutter
- 1 TL Vanilleextrakt
- 1 Prise Salz
- 70 g Hafermehl
- 70 g Erdnüsse
- 220 g Zartbitterschokolade

1. Die Datteln in eine Schüssel mit warmem Wasser geben. Für 5–10 Minuten einweichen, bis sie weich sind. Oder in der Mikrowelle für 80 Sekunden erhitzen. Das Wasser ablassen, gleichzeitig in einem Behälter auffangen.

2. Die Datteln vom Wasser befreien und in einen Mixer mit der Erdnussbutter, der Vanille und dem Salz geben. Cremig mixen. Wenn die Mischung zu dickflüssig ist, das aufgefangene Dattelwasser hinzufügen.

3. Die Dattelcreme aus dem Mixer in eine Schüssel füllen. Hafermehl und 75 g von der Dattelcreme in den Mixer geben und erneut mixen.

4. Die Masse gleichmäßig auf Riegelformen verteilen. Die Dattelcreme darüberstreichen. Die Erdnüsse darüber verteilen und für 60–90 Minuten in das Gefrierfach stellen.

5. Die Riegel aus der Form lösen und auf ein Abtropfblech legen.

6. Die Schokolade schmelzen und die Riegel damit ummanteln. Die Schokolade aushärten lassen.

Zitronenkuchen mit Frosting

Zubereitungszeit: 15 Minuten
Backzeit: 40–50 Minuten
Für 1 Kastenform

ZUTATEN

125 g weiche Butter,
   plus etwas mehr zum
   Einfetten
1 Bio-Zitrone
100 g Zucker
2 Eier
150 g Mascarpone
200 g Mehl
1 TL Backpulver

Für das Frosting:

1 Bio-Zitrone
200 g Frischkäse
50 g Puderzucker

1. Den Backofen auf 170 °C Ober-/Unterhitze vorheizen. Eine kleine Kastenform mit Butter einfetten.

2. Die Zitrone heiß waschen, 2 TL Schale abreiben und den Saft auspressen.

3. Den Zucker mit dem Zitronenabrieb vermischen und mit der Butter schaumig aufschlagen. Die Eier nacheinander unterrühren.

4. Zitronensaft, Mascarpone, Mehl und Backpulver hinzugeben und kurz zu einem glatten Teig verrühren.

5. Den Teig in die vorbereitete Form füllen und im Ofen 40–50 Minuten backen. Auf einem Kuchengitter abkühlen lassen.

6. Für das Frosting die Zitrone auspressen und den Saft mit dem Frischkäse und dem Puderzucker verrühren. Das Frosting in den Kühlschrank stellen.

7. Sobald der Kuchen abgekühlt ist, das Frosting auf dem Kuchen verteilen. Sofort servieren oder wieder kaltstellen.

Blaubeermuffins

Zubereitungszeit: 30 Minuten
Für 12 Stück

ZUTATEN

240 ml Milch
1 TL Essig
250 g Mehl
120 g Zucker
1 Prise Salz
2 TL Backpulver
1 Bio-Zitrone
150 g frische Blaubeeren
1 Ei
½ TL Vanilleextrakt
4 EL geschmacks-
neutrales Öl (z. B.
Sonnenblumenöl)

1. Den Ofen auf 190 °C Ober-/Unterhitze vorheizen. Eine 12er-Muffinform mit Papierförmchen auslegen.

2. Die Milch mit dem Essig verrühren und beiseitestellen.

3. Mehl, Zucker, Salz und Backpulver in einer Schüssel verrühren.

4. Die Zitrone heiß waschen und 2 TL Schale abreiben. Den Zitronenabrieb mit den Blaubeeren vermengen und behutsam unter die Mehlmischung heben.

5. Ei, Vanilleextrakt und Öl zur Milch geben und verquirlen. Die Mischung zu den trockenen Zutaten gießen und alles mit einer Gabel oder einem Holzlöffel gerade so lange verrühren, bis keine Mehlklümpchen mehr zu sehen sind.

6. Die Muffinförmchen zu ¾ füllen.

7. Das Muffinblech in den Ofen schieben und die Muffins 20 Minuten backen.

Apfelstrudel mit frischen Cranberrys

Zubereitungszeit: 30 Minuten
Für 1 Strudel

ZUTATEN

1 Packung Strudelteig (Kühlregal)

4 Äpfel (z. B. Boskop)

1 TL Zimt

50 g brauner Zucker

100 g Cranberrys

100 g gemahlene Haselnüsse

zerlassene Butter zum Bestreichen

Puderzucker zum Bestäuben

1. Den Ofen auf 200 °C Ober-/Unterhitze vorheizen. Den Teig auf der Arbeitsfläche ausbreiten.

2. Die Äpfel schälen und in kleine Würfel schneiden. Mit Zimt, Zucker, Cranberrys und Haselnüssen locker vermengen.

3. Die Mischung auf dem Strudelteig verteilen und die Seitenränder nach innen einschlagen. Zu einer dicken Rolle aufwickeln.

4. Den Teig mit der Naht nach unten auf ein mit Backpapier ausgelegtes Blech legen und großzügig mit Butter bestreichen.

5. Im Ofen 25–30 Minuten backen. Lauwarm mit Puderzucker bestäubt servieren.

Cookies mit Pistazien und Schokolade

Zubereitungszeit: 20 Minuten
Für 18 Stück

ZUTATEN

- 70 g Pistazienkerne (mit Haut)
- 220 g Mehl
- ½ TL Backpulver
- ½ TL Natron
- ½ TL Salz
- 160 g weiche Butter
- 160 g unraffinierter Zucker
- 50 g weißer Zucker
- 2 Eigelb
- 1 EL Vanilleextrakt
- 170 g Schokotropfen

1. Den Backofen auf 180 °C Ober-/Unterhitze vorheizen. Zwei Backbleche mit Backpapier auslegen.

2. Die Pistazien hacken und beiseitestellen.

3. In einer Schüssel Mehl, Backpulver, Natron und Salz vermischen.

4. Butter und beide Zuckersorten in einer zweiten Schüssel cremig aufschlagen. Eigelb und Vanilleextrakt unterrühren.

5. Die Mehlmischung hinzugeben und alles gut verrühren.

6. Anschließend die Schokotropfen und die Pistazien unterheben.

7. Mithilfe zweier Löffel Teighäufchen auf den vorbereiteten Blechen verteilen: pro Cookie 2 EL Teig. Genügend Platz dazwischen lassen, da der Teig beim Backen auseinanderläuft.

8. Je nach gewünschter Konsistenz 10–12 Minuten im Ofen backen: 10 Minuten für weichere Cookies, 12 Minuten für knusprige Cookies.

Apfel-Hafer-Kekse

Zubereitungszeit: 25 Minuten
Für 15 Stück

ZUTATEN

100 g Apfel
100 g Haferflocken
90 g Mehl
1 TL Backpulver
1 Prise Zimt
1 Prise Salz
20 g Butter
1 Ei
1 TL Vanilleextrakt
60 g Honig (alternativ
  Ahornsirup)
5 EL Milch

1. Den Backofen auf 170 °C Ober-/Unterhitze vorheizen. Ein Blech mit Backpapier auslegen.

2. Den Apfel schälen und fein würfeln.

3. Haferflocken, Mehl, Backpulver, Zimt und Salz in einer Schüssel vermengen.

4. Butter, Ei, Vanilleextrakt, Honig und Milch in einer zweiten Schüssel verquirlen. Die trockenen Zutaten einrühren, dann die Apfelstückchen unterheben.

5. Den Teig 30 Minuten im Kühlschrank ruhen lassen.

6. Mithilfe zweier Löffel Teighäufchen auf das Backblech geben und die Kekse 10 Minuten im Ofen backen.

Chia-Pudding

Zubereitungszeit: 5 Minuten
Kühlzeit: 2 Stunden
Für 4 Personen

ZUTATEN

200 ml Kokosmilch
80 g Chia-Samen
300 g Himbeeren
   (frisch oder TK)
5 EL Agavendicksaft
1 Mango

1. Kokosmilch und Chia-Samen verrühren und mindestens 2 Stunden im Kühlschrank quellen lassen.

2. Die Himbeeren mit 3 EL Agavendicksaft pürieren.

3. Die Mango in Würfel schneiden.

4. Den gequellten Chia-Pudding aus dem Kühlschrank nehmen und mit dem restlichen Agavendicksaft verrühren.

5. Erst die Mangowürfel, dann den Chia-Pudding und zum Schluss das Himbeerpüree auf vier Gläser verteilen.

6. Sofort genießen oder kaltstellen.

Overnight Oats mit Kokos

Zubereitungszeit: 5 Minuten
Kühlzeit: über Nacht
Für 4 Personen

ZUTATEN

240 g Hafermehl
4 EL Mandelmus
4 EL Kokosflocken
500 ml Milch
Süße nach Wahl (z. B.
    Honig, Ahornsirup)
1 Prise Salz
2 EL Naturjoghurt

Als Topping:

Naturjoghurt
Kokosspäne
frischen Obstsalat
    (nach Belieben)

1. Alle Zutaten für die Overnight Oats verrühren und über Nacht in den Kühlschrank stellen.

2. Die Overnight Oats auf vier Gläser oder Schalen verteilen und mit einem Klecks Joghurt und Kokosspänen garniert servieren. Dazu passt frischer Obstsalat.

Tipp:

Hast du kein Hafermehl zur Hand, kannst du Haferflocken in der Küchenmaschine fein zerkleinern.

Bildnachweis

Shutterstock.com:

S. 3: Liliya Kandrashevich; S. 4: Nataliya Arzamasova, Anna Shepulova; S. 5: Tejal Pandya, Barbora Husakova; S. 7: Barbora Husakova; S. 9: Liliya Kandrashevich; S. 13: Galiyah Assan; S. 17: Tejal Pandya; S. 23: MaryLucky; S. 29: Lapina Maria, Lieb ich FETT, OlgaBombologna, Ezume Images; S. 35: Ezume Images; S. 45: Kiian Oksana; S. 49: Slawomir Fajer; S. 51: OlgaBombologna; S. 53: OlgaBombologna; S. 55: Liliya Kandrashevich; S. 57: Angelika Heine; S. 59: Lyutik_Ryutik; S. 60: Lapina Maria; S. 66: Lieb ich FETT; S. 69: Lyutik_Ryutik, JRP Studio, Oksana Mizina, anshu18; S. 73: AlexJuncu; S. 75: anshu18; S. 77: Marcus Z-pics; S. 78: Oksana Mizina; S. 79: Seersa Abaza; S. 81: JRP Studio; S. 85: Anna Shepulova; S. 87: Lyutik_Ryutik; S. 89: Lyutik_Ryutik; S. 91: Nataliya Arzamasova; S. 93: Yevgeniya Shal; S. 95: Ekaterina Khoroshilova

Laura Roman Castano:
S. 3; S. 4; S. 5; S. 11; S. 15; S. 19; S. 21; S. 25; S. 27; S. 28; S. 29; S. 31; S. 33; S. 37; S. 39; S. 41; S. 43; S. 46; S. 47; S. 61; S. 63; S. 65; S. 67; S. 68; S. 69; S. 71; S. 74; S. 83